HOMELIE XXV.

SUR

LA BREBIS ÉGARÉE.

Par M. le Curé de S. Sulpice de Paris.

A PARIS,

Chez RAYMOND MAZIERES, ruë S. Jacques, prés la ruë
de la Parcheminerie à la Providence.

M. DCCVIII.

AVEC APPROBATION ET PRIVILEGE DU ROY.

TEXTE
DU SAINT EVANGILE
SELON SAINT LUC.

EN ce temps-là, les Publicains & les Pecheurs s'approchoient de Jesus pour l'entendre, & les Pharisiens & les Scribes
en murmuroient, disant : cet homme reçoit les
pecheurs, & mange avec eux, & il leur dit cette
parabole : Y a-t-il quelqu'un d'entre vous, qui
ayant cent Brebis, lorsqu'il en a perdu une, ne
laisse les quatre-vingt-dix-neuf dans le desert ,
pour aller chercher celle qui s'étoit égarée , jus-
qu'à ce qu'il la trouve ? & qui l'ayant trouvée,
ne l'apporte sur ses épaules avec joye? & lors qu'il
est arrivé en sa maison , n'assemble-t-il pas ses
amis & ses voisins, leur disant : Rejouïssez-vous
avec moy, de ce que j'ay trouvé ma Brebis qui
s'étoit égarée ? Ainsi je vous dis, qu'il y aura
plus de joye dans le Ciel pour un pecheur qui

4

fera penitence, que pour quatre-vingt-dix-neuf
juftes, qui n'ont pas befoin de penitence. Ou
bien y a-t-il quelque femme qui ayant perdu une
dragme de dix qu'elle avoit, n'allume la lampe,
& ne balaye la maifon, & ne cherche avec foin,
jufqu'à ce qu'elle l'ait trouvée, & l'ayant trouvée, n'appelle-t-elle pas fes amies & fes voifines,
difant : Rejouïffez-vous avec moy de ce que j'ay
trouvé la dragme que j'avois perduë ? Ainfi je
vous dis que les Anges de Dieu fe rejouïront d'un
pecheur qui fera penitence. *Luc. Cap.* 15. *v.* 1.

TEXTE SELON SAINT MATHIEU.

Que vous en femble-t il ? fi quelqu'un avoit
cent Brebis & qu'une feule vint à s'egarer, ne
laiffe t-il pas dans les montagnes les quatre-vingt-dix-
neuf, & ne va-t-il pas chercher celle qui s'étoit égarée ?
que s'il arrive qu'il la trouve, je vous dis en verité qu'il
en a plus de joye que des quatre-vingt dix-neuf, qui ne
fe font point égarées : Ainfi la volonté de vôtre Pere
qui eft aux Cieux, n'eft pas qu'aucun de ces petits pe-
riffent. *Mat.* 18. 12.

HOMELIE VINGT-CINQUIÉME
SUR
LA BREBIS ÉGARÉE.

IL eſt ſi ſouvent parlé dans l'Evangile, mes tres chers freres, des Scribes, des Phariſiens, & de ſemblables ſortes de ſectes Judaïques, qu'il me ſemble utile de vous en donner une legere idée.

Dans la Loy de nature, c'eſt à-dire depuis la création juſqu'à Moyſe, les premiers nez, étoient honorez de la dignité de Prêtres, ils en avoient les avantages, & ils en faiſoient les fonctions.

Dans la Loy écrite, le Sacerdoce fut renfermé dans la ſeule Tribu de Levi, d'où ſortirent ſucceſſivement les ſouverains Pontifes, les Prêtres, & les Levites.

Les Souverains Pontifes, outre les fonctions com-

A iij

munes avec les simples Prêtres, en avoient encore de particulieres : ils entroient une fois l'année dans le Sanctuaire, où reposoit l'Arche d'alliance ; ils consacroient les Prêtres & les Levites ; ils presidoient aux assemblées , & décidoient dans les controverses de Religion ; ils consultoient le Seigneur dans les affaires importantes, & en recevoient les reponses.

Les Prêtres offroient tous les jours les Sacrifices ordinaires ; ils conservoient le Feu Sacré ; & ils entroient dans la premiere partie du Temple pour entretenir les Luminaires, les Parfums, & les Pains de proposition.

Les Levites, ou Ministres inferieurs, aidoient & cooperoient à toutes ces sortes de fonctions sacerdotales : & ces trois ordres composoient le Clergé de l'ancien Peuple, & avoient leurs consecrations, leurs ornemens, leurs ceremonies, & le soin de tout ce qui regardoit le Culte Divin.

Outre ces Ministres ordinaires, la Synagogue a eu des Ministres extraordinaires appellez *Prophetes* , c'étoit des hommes envoyez du Seigneur, doüez d'une éminente Sainteté, & en qui l'Esprit de Dieu residoit, parloit, & agissoit : ils autorisoient leur Mission par des Miracles, & par des prédictions de l'avenir ; ils instruisoient, prêchoient, menaçoient, punissoient le Peuple, & reformoient ce qui s'introduisoit de défectueux parmi les Juifs.

La Synagogue n'a pas été non plus dépourvuë de diverses especes de *Religieux*, c'est-à-dire de personnes de l'un & de l'autre sexe, qui se consacroient au

Seigneur, & qui voüoient une vie plus auftere & plus parfaite que le commun des Ifraëlites : Tels étoient,

1°. *Les Nazaréens* , c'eft à dire des gens feparez & confacrez à Dieu , & qui pouvoient être de toutes fortes de Tribus : ils s'abftenoient de vin , de cidre, & de toute autre boiffon qui pouvoit enyvrer ; ils laiffoient croître leurs cheveux pendant le temps de leurs vœux , ils étoient fort honorez parmi les Juifs , & regardez d'eux comme des perfonnes que Dieu leur donnoit pour leur fervir de modeles de vertu , & pour honorer la Religion Judaïque.

2°. *Les Recabites*, du nom de leur inftituteur Recab, qui vivoit fous le regne de Jofias Roy de Juda : ils ne buvoient pas non plus de vin, ils ne bâtiffoient point de maifons , fe contentans d'habiter fous des tentes ; ils n'enfemençoient point les terres , & ne plantoient point de vignes ; & l'Ecriture nous apprend que Dieu avoit cet inftitut pour trés-agreable.

Outre ces fortes de Religieux , il s'éleva parmi les Juifs, quatre fectes principales, qui ne commencerent à paroître que vers le temps des Maccabées : Les Pharifiens, les Scribes, les Saducéens, les Effeniens.

1°. *Les Pharifiens*, conformement à leur nom, paffoient pour des Predicateurs celebres, d'une eminence & d'une fainteté reconnuë.

2°. *Les Scribes* s'erigeoient en Docteurs de la Loy , en depofitaires des Traditions , & en interpretes des Ecritures & des Livres de Moïfe. Ils fe confondoient souvent avec les Pharisiens.

3°. *Les Esseniens* menoient une vie austere, gardoient le Celibat, & vivoient en commun.

4°. *Les Saducéens* ne recevoient point les Prophetes ny les traditions, ils ne croyoient point la resurrection ny l'immortalité de l'ame ; ils n'admettoient ny Anges, ny esprits, erreurs qui les separoient des Pharisiens avec lesquels ils étoient roûjours en dispute sur ces sortes de dogmes. C'étoit de vrais impies.

On pourroit ajouter icy les Samaritains & les Herodiens.

1°. *Les Samaritains* étoient à l'égard des Juifs, ce que font à l'égard de nous les Heretiques, & les Schismatiques retranchez & separez de l'Eglise, on les avoit transportez, pour la plus part, de Chaldée en Judée : Ils avoient quelque connoissance du vray Dieu & de la venüe du Messie : d'ailleurs la ville de Samarie avoit été la Capitale d'un Royaume Schismatique, & qui devint idolatre en partie, ainsi qu'on voit au troisiéme livre des Rois.

2°. *Les Herodiens*, pretendoient, à ce qu'on croit, que le Roy Herodes étoit le Messie ; mais on ne trouve rien d'eux de bien assuré : La plus-part de ces sectes dans leur établissement n'avoient rien que de bon & d'édifiant, mais peu à peu elles dégenererent & perdirent leur premier esprit ; les Scribes & les Pharisiens qui sembloient les plus Religieux devinrent de dangereux hypocrites : ils affectoient un air modeste, mortifié, penitent ; & sous ce bel exterieur, ce n'étoit qu'orgueil, qu'envie, qu'avarice, que mé-

pris

pris & haine du prochain, que defir de fe faire efti-
mer & honorer comme des Saints : Ils affectoient de
prier dans les places publiques ; d'avoir un vifage
pâle, maigre, attenué ; de payer la dixme des moin-
dres legumes : & fous pretexte de devotion, ils s'in-
troduifoient dans les maifons des riches veuves ,
dont ils devoroient enfuite le bien : ils prêchoient
une morale auftere , & ils ne faifoient pas ce qu'ils
difoient : ils alteroient la faine Doctrine , & la
vraye intelligence du Decalogue & de la Loy de
Dieu , par des interpretations fauffes & relâchées :
jufques-là qu'ils font appellez dans l'Ecriture des fe-
pulchres blanchis, des ferpens, & des engances de vi-
peres , des ennemis de la verité , des incredules ,
des perfecuteurs de Prophetes & des vrays ferviteurs
de Dieu ; des aveugles , & des conducteurs d'autres
aveugles, des incorrigibles , des obftinez dans leur
peché ; enfin ils comblerent leur mefure , devenant
les meurtriers du Sauveur , & les deftructeurs de
leur Nation.

Il étoit neceffaire de vous faire le plan, & de vous
expofer le caractere de ces gens-là , mes trés-chers
freres , avant que d'en venir à l'explication de nôtre
Evangile : Nous y lifons que les Publicains & les pecheurs fuivoient Jefus-Chrift, qu'ils écoutoient avec
fruit fa divine parole, qu'il ne les rebutoit point ,
au contraire qu'ils en étoient bien reçus , qu'il entroit
chés eux, qu'il s'entretenoit avec eux , qu'il ne dé-
daignoit point de manger avec eux : Les Scribes &
les Pharifiens , ces faux devots , qui fe croyoient

des Saints , murmuroient d'une femblable conduite ,
& appelloient Jefus-Chrift l'ami des Publicains &
des Pecheurs : *Publicanorum & Peccatorum amicus :* Per-
fuadez qu'ils euffent été fouillez s'ils euffent eu le
moindre commerce avec eux : en quoy ils faifoient
voir, qu'ils connoiffoient peu la foibleffe humaine ,
le fonds de corruption qu'ils portoient en eux mêmes, & le penchant malheureux que tous les enfans
d'Adam ont au mal, & que fans raifon, ils fe glo-
rifioient d'une nature & d'une vertu plus éminente
que les autres , puifqu'aprés tout il n'y a point de peché que faffe un homme, qui ne puiffe être fait par
un autre homme , s'il eft délaiffé de celuy qui a fait
l'homme , dit faint Auguftin : *Non eft enim peccatum*
quod facit homo quod non poffit facere alter homo , fi defera-
tur ab eo à quo factus eft homo.

2°. Ils montroient par là qu'ils étoient peu fenfibles
aux miferes du prochain, qu'ils n'avoient nulle compaffion de leurs freres, que leur efprit dur , préfomp-
tueux, arrogant, leur faifoit mal à propos infulter
à ceux qu'ils reputoient être des pecheurs ; qu'ils igno-
roient le genie tendre de la charité , laquelle ne
fe laiffe point tranfporter au mépris ny au dédain ,
& qui ne fe dépouille jamais des entrailles de mifericorde , felon faint Gregoire : *Vera juftitia compaffio-*
nem habet , falfa juftitia dedignationem.

3°. Ils paroiffoient par cette conduite ne fçavoir pas
l'excés des bontez du Seigneur, qui veut que tous les
hommes foient fauvez, & viennent à la connoiffance
de la verité & que tous les pecheurs fe convertiffent, qui

les prévient, qui les appelle, & qui les cherche ; Car helas, Seigneur, dit faint Auguftin, fi vous ne veniez pas à nous le premier, nous ne fongerions jamais par nous-mêmes, de retourner à vous : or ignorer ces chofes étoit-ce avoir la grace d'un pafteur, étoit-ce la connoître? cependant les Pharifiens envieux & jaloux, paroiffoient blâmer Jefus Chrift de trois défauts tres contraires à la qualité d'un bon pafteur, difant qu'il pechoit,

Premierement, contre la fainteté, frequentant les pecheurs.

Secondement, contre la fageffe, abandonnant quatre-vingt-dix-neuf Brebis, pour en aller chercher une.

Troifiémement, contre la charité bien ordonnée, fe rejoüiffant plus d'un pecheur converti, que de quatre-vingt-dix-neuf juftes. Mais il faut les refuter, & faire voir le contraire.

PREMMIERE CONSIDERATION.

Il eft certain que Jefus-Chrift n'a jamais mieux montré qu'il étoit un faint Pafteur, qu'en permettant aux pecheurs de l'aborder, de l'écouter, de le frequenter.

Pour bien comprendre cette verité, il eft à propos d'obferver que les Saints ont furmonté le monde en trois manieres differentes : en le fuyant, en le combattant, en le gagnant.

1°. En le fuyant, comme un faint Paul, ce Pere

des Solitaires, qui remplit par ſa retraite cette parole du Prophete : *Ecce elongavi fugiens, & manſi in ſolitudine.*

2°. En luy reſiſtant comme ſaint Etienne & les autres Martyrs, qui ſoutinrent conſtamment les premiers efforts du ſiecle perſecuteur, dit ſaint Auguſtin : *Qui primos impetus ſæculi ſuſtinuerunt.*

3°. En le gagnant comme l'Apôtre, qui ſe faiſoit tout à tous, afin de les gagner tous : *Omnia omnibus factus ſum, ut omnes facerem ſalvos.*

Jeſus-Chriſt a vaincu le monde en ces trois façons, & nous a merité la grace de l'imiter en cela : Car, 1°. Quoy que rempli de ſcience, de zele, de ſageſſe, & de ſainteté, il a voulu vivre dans la retraite, & demeurer dans le ſilence pendant prés de trente années, ſans doute pour confondre l'orgueil humain qui ne veut toûjours que trop-tôt paroïtre, & ſe produire : & pour ſervir ainſi d'excellent modele aux Predicateurs vrayement Evangeliques, leur apprenant par ſon exemple, que le temps de la ſolitude & du recueillement doit preceder, & même être plus long que celuy de la parole, qu'on ne doit point expliquer la Loy du Seigneur en public, qu'aprés l'avoir bien meditée en ſecret, dit ſaint Gregoire, ny répandre un baſſin s'il n'eſt plein, ny expoſer un zele s'il n'eſt fort ; autrement, continuë ce Pere, le ſouffle de la vaine gloire diſſipera bien-tôt les projets d'un cœur plûtôt enflé par la préſomption, que rempli d'une ſolide vertu.

2°. En ſecond lieu, Jeſus-Chriſt a vaincu le monde, en ſupportant les contradictions, les perſecutions, les injures , les fouffrances & la mort même avec une fouveraine p atience : *recogitate enim eum , qui talem fuf-* *Heb. 11. 13.* *tinuit à peccatoribus adverfum femetipfum contradictionem ,* dit l'Apôtre ; & en nous obtenant la force de le vaincre à fon imitation , tous foibles que nous foyons , nous ayant dit avec l'autorité digne de ce qu'il étoit : Confiez-vous , j'ay vaincu le monde : *Confidite ,* *Jam. 16. 33.* *ego vici mundum.*

3°. Enfin Jefus-Chrift a vaincu le monde , en le gagnant par fa douceur, par fa bonté , par fa charité : en accompliffant cette prédiction du Prophete , *in funicu-* *Oze. 11. 4.* *lis Adam traham eos , in vinculis charitatis.* Le pouvoit-il faire, s'il ne fe fût communiqué au monde ? eût-il converti les pecheurs, s'il n'eût pas fouffert qu'ils l'euffent abordé, écouté , confideré ? s'il ne les eût charmez par la fuavité de fa converfation ; inftruits par fes prédications ; édifiez par fes exemples ; gueris par l'effufion de fa grace ? car voicy les qualitez d'un vray Pafteur. Il faut qu'il foit le medecin des infirmes , la lumiere du monde, le fel de la terre , & le modele de la perfection chrétienne.

I°. Premierement, il faut qu'il foit le medecin fpirituel du troupeau qui luy eft confié : Malheur à vous , ô Pafteurs d'Ifraël, dit le Prophete Ezechiel , *væ Paftoribus Ifraël :* Malheur à vous , parce que vous n'avez pas fortifié ce qui étoit foible, *quod infirmum* *fuit non confolidaftis :* Vous n'avez pas gueri ce qui étoit malade, *quod ægrotum non fanaftis :* Vous n'avez pas lié ce qui étoit rompu, *quod confractum eft non alligaftis :* Comment un Pafteur évitera-t-il cette malediction

s'il fuit ſes Brebis , s'il n'imite Jeſus-Chriſt qui rem-
pliſſoit admirablement ces devoirs , gueriſſant non
ſeulement les maladies corporelles , rendant là vuë
aux aveugles, l'oüie aux ſourds, la parole aux muets,
la vie aux morts : mais de plus nous délivrant des
maladies ſpirituelles, convertiſſant les pecheurs , &
ſanctifiant les ames ; c'eſt ainſi qu'il guerit Zachée de
ſon avarice ; ſaint Thomas de ſon incredulité , la Pe-
chereſſe de l'Evangile de ſa ſenſualité, ſaint Mathieu
de ſon uſure , ſaint Pierre de ſon infidelité , les enfans de Zebedée de leur ambition : *Ut adimpleretur*
quod dictum eſt per Iſaïam Prophetam dicentem : Ipſe infir-
mitates noſtras portavit , ſanans omnem langorem & omnem
infirmitatem in populo. Pourquoy donc le Phariſien
dedaigneux ſe ſcandaliſe-t-il de ce que ce pieux Samaritain ſe mêle parmi les Publicains , s'il les viſite
s'il leur parle, s'il mange avec eux , s'il leur temoi-
gne de la condeſcendance & de la compaſſion, s'il les
cherche , & s'il fait le plus beau de ſes titres de la
qualité que les Phariſiens luy tournoient à injure d'ê-
tre l'ami des Pecheurs : *Publicanorum & Peccatorum ami-*
cus ? s'il ſe montre à eux comme le Serpent du deſert ,
afin qu'en le regardant il les gueriſſe de leurs bleſſures.
Qui jamais a trouvé mauvais que le Medecin cherche
le malade ? qu'il entre dans les hôpitaux ? qu'il donne des remedes ? qu'il s'attendriſſe ſur les malheureux ?
qu'il les délivre de leurs maux ? C'étoit donc une choſe inſupportable de voir ces Prêtres anciens murmurer
de ce que le Sauveur du monde prenoit ſur luy nos
langueurs , & nos infirmitez, pour nous en délivrer ,

tandis qu'eux par leur éloignement, témoignent vi-
siblement qu'ils n'avoient ny compassion des malades, ny remedes pour les guerir ; & par consequent,
qu'ils ne meritoient pas le nom de Pasteurs, ny de
Medecins spirituels ; de là vient que quand Judas s'a-
dressa à eux dans son desespoir, & qu'il leur declara
son crime, ils n'eurent aucun remede à luy donner,
pour empêcher sa perte, ils ne luy répondirent rien,
sinon qu'il fit ce qu'il voudroit, & que cela ne les regardoit pas. Qu'el zéle pour des Prêtres ?

II°. En second lieu, il faut qu'un Pasteur soit la
lumiere du monde, comme le souverain Pasteur
l'exigeoit de ses Apôtres : *vos estis lux mundi ; sic luceat
lux vestra coram hominibus,* & comme il l'étoit éminem-
ment & excellemment luy même, *ego sum lux mundi* ;
répendant les rayons de sa Doctrine dans les esprits,
& dissipant les tenebres de l'ignorance de l'erreur
& du vice. Comment eût-il fait des choses si mer-
veilleuses, s'il ne se fût communiqué aux hommes ?
allume-t-on la lampe pour la cacher sous un boisseau,
sous un lit, sous un vase ? *Sub modio, sub lecto, sub vase,* c'est à dire sous l'obscurité de l'avarice, de la sen-
sualité, de l'orgueil : ne faut-il pas la mettre en évi-
dence, & sur le chandelier, afin que ceux qui sont
dans la chambre en soient éclairez ? ne faut-il pas que
le celeste Docteur soit une lampe ardente & lumi-
neuse, *ardens & lucens* ? Qui jamais s'est formalisé de
ce que le flambeau répand sa lumiere, & le feu sa
chaleur ? de ce que le Docteur enseigne la verité ? de
ce que le prédicateur anime à la vertu ?

III°. Troifiémement, il faut que le Pafteur foit le fel de la terre, il doit préferver fon troupeau de la corruption du peché, & luy donner le gouft des biens celeftes : Comment Jefus-Chrift l'eût-il fait, s'il ne fe fût mêlé parmi les hommes, s'il n'eût aimé leur compagnie, s'il n'eût entré en commerce avec eux ? n'a-t-il pas impofé cette Loy à tous fes Miniftres, en leur difant, *vos eftis fal terra* : En effet, dit faint Gregoire, nous voyons que comme on met fouvent une pierre de fel devant les animaux dégoutez pour leur rendre l'appetit, ainfi, continuë ce grand Pape, le Prêtre doit-il être au milieu du Peuple, comme une pierre myfterieufe de fel, afin que tous ceux qui s'en approchent en rapportent un gouft de la vie éternelle : *Quafi ergo petra falis debet effe Sacerdos in populis, ut quifquis Sacerdoti jungitur, quafi ex falis taĉtu æternæ vitæ fapore condiatur.* O bonté digne du Pafteur de nos ames ! s'écrie faint Bernard, vous n'avez point méprifé la pricre d'un Voleur, ny les larmes d'une Pechereffe, ny les clameurs d'une Cananée : Vous n'avez point eu horreur d'une Femme adultere, ny d'un Perfecuteur de vos Difciples, ny des Bourreaux mêmes qui vous ont crucifié : *Non horruifti confitentem latronem : non lacrymantem peccatricem, non Cananæam fupplicantem, non deprehenfam in adulterio, non perfecutorem Difcipulorum, non ipfos crucifixores tuos.* Vous avez pris compaffion de tous les pecheurs qui vous ont reclamé, & dés qu'ils vous ont reclamé, ils ont ceffé d'être pecheurs, ajoute faint Chryfoftome : *Recipit peccatores Deus, fed peccatores effe nos finit quos recipit.* Vous n'avez point eu en horreur les humbles pecheur

cheurs, au contraire vous avez eu en horreur les Pharisiens superbes qui n'avoient que de l'horreur pour les pecheurs humbles ; aussi , comme nous l'apprend saint Augustin, un pecheur humble est quelque chose de bien meilleur qu'un juste arrogant : *Melior est peccator humilis , quàm justus superbus.*

I Vº. Quatriémement , enfin il faut que le bon Pasteur soit un modele de perfection à tout son troupeau , il doit par proportion du Disciple au Maître , dire aux peuples qui luy sont commis, ce que Jesus-Christ dit à ses Disciples : Je vous ay donné l'exemple, afin que vous fassiez ainsi que vous m'avez vû faire : l'Apôtre ne disoit-il pas aux Fideles : Soyez mes imitateurs, comme je suis imitateur de Jesus-Christ : *Imitatores mei estote, sicut & ego Christi ?* N'ordonne-t-il pas que le Prêtre se montre au Peuple , comme un modele de toute sorte de vertus & de bonnes œuvres ? *exemplum esto fidelium in verbo , in conversatione , in charitate , in fide , in castitate : in omnibus te ipsum præbe exemplum bonorum operum.*

Saint Pierre exige la même chose d'un Ministre de Jesus-Christ , c'est-à-dire qu'il soit un modele de sainteté à tout son troupeau : *forma facti gregis.* Tels doivent être les Pasteurs de l'Eglise , qui par Office sont tenus de representer le souverain Pasteur , & d'être par consequent des exemplaires de vertu , des modeles de patience, de douceur, de charité, d'humilité, de détachement, de chasteté , de sobrieté , afin que ceux qui les voyent, qui les écoutent, qui les considerent soient édifiez, instruits, touchez &

✴✴✴   C

portez à les imiter : N'eſt-ce pas par cette raiſon que le Paſteur marche devant ſes Brebis , *ante eas vadit ,* ſelon l'Evangile, afin que chacun aye les yeux ſur luy & qu'on ſuive ſes pas , *ut in eos tanquam in ſpeculum reliqui oculos conjiciant , ex hiſque ſumant quod imitentur ,* diſent les Conciles? Il eſt écrit d'un ſaint Martin, que de voir ſeulement ce bien-heureux Prélat, c'étoit aſſez pour croire qu'on étoit preſque déja ſauvé : *Quem vidiſſe inſtar ſalutis erat :* Sainte Catherine de Siene participoit à la grace Sacerdotale avec tant d'abondance, que jamais perſonne ne l'aborda, qui n'en revint meilleur. *Quin melior redierit :* Il faut que le fidele Laïque, quand il ſort d'auprés de ſon Paſteur en rapporte une ſi haute idée, qu'il diſe, avec ſaint Antoine, revenant de voir ſaint Paul, malheur à moy ! je ne merite pas le nom de Chrétien.

La vie du Paſteur doit operer ces merveilleux effets, ne doit-il pas par conſequent être au milieu du monde ? puiſque loin de contracter la corruption du monde, il faut qu'il purifie le monde de la corruption : cela étant ainſi , peut-on blâmer un Paſteur de ce qu'il converſe avec le monde? Jeſus-Chriſt le frequentoit & le ſanctifioit : *Deus peccatores ſanctificat quos appropinquat :* dit ſaint Chryſologue : Que les Phariſiens étoient donc aveugles de tourner à crime une telle conduite, & de publier que Jeſus Chriſt pechoit contre la ſainteté , parce que les pécheurs s'approchoient de luy , & parce qu'il s'approchoit des pecheurs !

Luc. 15. 1. *Erant autem appropinquantes ad Jeſum Publicani & peccatores , ut audirent illum : & murmurabant Phariſai &*

Scribæ dicentes : quia hic peccatores recipit & manducat cum illis.

SECONDE CONSIDERATION.

Le reproche que les Pharisiens pouvoient faire à Jesus-Christ de n'avoir pas la sagesse d'un Pasteur , en laissant quatre-vingt-dix-neuf Brebis dans des montagnes & dans des deserts, pour en aller rechercher une qui s'étoit égarée, au hazard même de ne la pas recouvrer : *si fortè inveniat eam : si contigerit ut inveniat eam*, n'est pas mieux fondé que celuy qu'ils luy faisoient de manquer de sainteté, parce qu'il conversoit avec les pecheurs : Pour le bien entendre, il faut toûjours se ressouvenir, que comme tout est mysterieux dans l'Ecriture, on doit, si l'on veut la bien entendre, en approfondir la lettre, & ne pas se contenter de la superficie : *omnia innuunt, sed intellectorem requirunt*, dit saint Augustin. En effet, *Matth. 18. 13.*

1°. Que veulent dire ces montagnes où le bon Pasteur laisse ses quatre-vingt-dix-neuf brebis, sinon les voyes sublimes de la perfection , où les ames saintes s'élevent, & où éloignez du monde, elles ne s'occupent plus que des veritez celestes ? *Nonne relinquit nonaginta novem oves in montibus , & vadit quærere eam quæ perierat?* Il n'appartient qu'aux parfaits de s'élever sur ces sortes de montagnes spirituelles , dit saint Ambroise, *omnes magni , omnes sublimes montem ascendunt*: le simple fidele ne va pas jusques-là, *non sequitur ad excelsa, non ascendit ad sublimia* : les foibles de- *Ibid. 12.*

meurent au pied de la montagne , c'eſt où les malades attendent leur medecin : *denique ubi deſcendit, inve-
nit infirmos* , pour guerir de leurs infirmitez , & ſe rendre enſuite capables de monter plus haut , par la pratique des plus excellentes vertus ; & de s'élever peu à
peu au ſommet de la perfection : *prius enim unuſquiſque ſa-
nandus eſt , ut paulatim virtutibus procedentibus , aſcendere
poſſit ad mentem.* De-là vient , continue ſaint Ambroiſe ,
que le Seigneur voyant les peuples qui le ſuivoient ,
monta au haut de la montagne , *vidéntibus aſcendit in
montem* , figurant par cette élevation exterieure , la ſu-
blimité de la Doctrine toute celeſte , qu'il puiſoit dans
le ſein même de la divinité , & qu'il alloit enſeigner
aux hommes : *Evangeliſaturus enim , & benedictionem de
Theſauro divinitatis prompturus oracula , incipit eſſe ſubli-
mior.*

Il n'appartient , ajoute ſaint Auguſtin , qu'aux
grands ſpirituels de ſe tenir dans ces lieux hauts ,
magni ſpirituales teneant montes altos : De pratiquer emi-
nemment les préceptes du Seigneur , d'en comprendre l'étenduë , & d'entrer dans l'intelligence des ſublimes veritez de l'Ecriture : *Teneant alta præcepta Dei , ſu-
blimia cogitent , teneant ea quæ multum eminent in ſcripturis.*

Saint Gregoire enſeigne la même Doctrine , ſur ce
paſſage de Job , que c'eſt ſur les hautes montagnes
des veritez celeſtes que le Solitaire trouve dequoy
nourrir ſa pieté , & ſe repaître dans la contempla-
tion des grands oracles de la religion : *Montes paſcuæ
ſunt altæ contemplationes internæ refectionis , ſublimes virtutes
eorum qui altos ſententiarum divinarum vertices , quaſi cacu-*

*In hæc ver-
bi Pſalmi,
Montes
exceſſi cer-
vis,*

mina montium ascendunt. De toute cette Theologie des Saints Peres, nous apprenons que par les montagnes où le bon Pasteur laisse ces quatre-vingt-dix neuf Brebis, on doit entendre la situation des ames élevées comme dans le sommet de la perfection, où loin de redouter que le Loup infernal ne les devore, elles deviennent elles-mêmes redoutables au demon, qui ne craint rien tant que ces ames parfaites, lesquelles sont en ces lieux hauts, comme dans une tour inaccessible à ses insultes, & où le bon Pasteur peut les laisser en toute assurance, dit saint Augustin, sur ces paroles du Psalmiste, *turris fortitudinis à facie inimici* ; nous donnant à entendre que nous n'avons point à craindre les traits de l'ennemi, quand nous sommes une fois refugiez dans cette inexpugnable forteresse, *nunquam ad illam turrim diabolica jacula secutura sunt, ibi stabis munitus & fixus.* Et c'est aussi la pensée de saint Gregoire sur cet endroit même de nôtre Evangile, *quia oves quæ non perierant, in montibus, seu in sublimibus stabant.* De sorte que la Brebis qui s'étoit égarée, ne s'étoit égarée, qu'à cause qu'elle avoit abandonné ces Montagnes saintes, loin que ce fût les exposer à leur perte que de les y laisser ; telle étoit cette montagne si renommée de saint Antoine, toute couverte de cellules de Solitaires, sur laquelle on n'entendoit jour & nuit retentir autre chose que le chant des loüanges divines, & le bruit du travail des mains : *Erant igitur in monte monasteria tanquam tabernacula plena divinis choris psallentium, legentium, orantium, &c.* En sorte qu'on eût dit que c'etoit une region de lumiere & comme un autre monde, où la

juſtice & la pieté avoient étably leur demeure , *qui in-*
finitam regionem quandam & oppidum à mundana converſa-
tione ſejunctum , plenum pietatis & juſtitiæ videbantur inco-
lere. De là ces frequentes plaintes des demons de ſe voir
chaſſez de ces montagnes par ces pieux Solitaires qui
les habitoient , & qui ſe faiſoient redouter à ces Loups
infernaux , loin d'en craindre les attaques, *ſimulque uni-*
verſi jam dæmonum inſidias contemnebant. Peut-on dire que
des Brebis domiciliées en de ſemblables lieux fuſſent
delaiſſées par leur Paſteur ?

Au reſte , nous trouvons dans l'Evangile quatre celebres Montagnes qui font extremement à nôtre ſujet: Celle dite de la Quarantaine où J. C. pendant quarante jours
& quarante nuits ſe macera par le jeûne: celle des Beati-
tudes , où il annonça aux hommes la Doctrine la plus
ſublime , & la plus ſainte qui jamais ait été entenduë
ſur la terre : Celle du Tabor , où il ſe transfigura
dans la priere : Celle du Calvaire, où il s'offrit pour
nous en Sacrifice. Heureuſes les Brebis qui font leur
ſejour ſur ces hautes & myſterieuſes Montagnes : qui
font obſerver à leur convoitiſe un jeûne univerſel, &
perpetuel ; qui jour & nuit étudient la loy du Seigneur;
qui ſe transforment dans l'Oraiſon ; qui rejettent les
grandeurs du monde que le tentateur leur offre ; qui
converſent avec la Loy & les Prophetes en Jeſus-Chriſt,
qui immolent en eux une victime, qu'ils ſacrifient
toûjours , & qu'ils ne détruiſent jamais ; qui montent
de vertu en vertu; qui ſe ſeparent de plus en plus des
choſes baſſes , qui vont contre le penchant de leurs
inclinations, qui ſe font continuellement violence pour

acquerir ce Royaume des Cieux : qu'eſt-ce que de
telles Brebis ont à craindre du Loup, ou à ſe plaindre
de ce que le Paſteur les abandonne ? ne ſont-ce pas
plûtôt celles qui deſcendent de ces hautes montagnes dans ces lieux bas, plains & unis , ſejour des
foibles, & des malades, & qui choiſiſſent une voye
large , commode, aiſée, où l'on ne s'éleve à rien de
difficile & de parfait ? Ainſi vivre dans ces Montagnes,
c'eſt être en aſſurance contre le Loup, quitter ces Montagnes , c'eſt s'expoſer à ſes inſultes, c'eſt s'écarter du
bercail : *Quid vobis videtur ? ſi fuerint alicui centum oves ,* Math. 12.
& erraverit una ex eis : nonne relinquit nonaginta novem in 12.
montibus , & vadit quærere eam quæ erravit ?

 Saint Gregoire ne confirme pas peu cette interpre-
tation , quand il nous aſſure que par ces quatre-
vingt-dix-neuf Brebis que le ſouverain Paſteur laiſſe
dans les Montagnes pour en aller chercher une qui
s'eſt égarée, ſont figurez les chœurs des Anges dans
une ſainteté conſommée que le Sauveur a laiſſé en
toute ſeureté dans les Cieux , pour venir chercher la
nature humaine, qui par ſon peché s'étoit égarée ſur
la terre : *Dimiſit nonaginta oves , quia illos ſummos An-* Hom. 34.
gelorum choros reliquit in Cœlo : & quando in terra Dominus
unam quærebat , homo perditus quærebatur in terra. Si bien
que , ſelon ce Pere , ces quatre vingt dix-neuf Brebis
dans les hauts lieux , ſont les Hierarchies Angeliques
dans les Cieux , & la Brebis égarée dans la plaine, eſt
l'homme perdu ſur la terre , que le bon Paſteur rapporte ſur ſes épaules pour remplir le nombre parfait
de ſes élus : *Quia nimirum oves quæ non perierant , in ſu-*

blimibus ftabant. Ah ! combien ce Pafteur eft-il riche , dit faint Ambroife, puifque les Hierarchies celeftes, les Anges, les Archanges, les Dominations, les Puiffances, les Thrônes , & tant d'autres innombrables Troupeaux particuliers, forment fon infini Bercail , qu'il laiffe cependant dans les Montagnes pour venir chercher la Brebis centiéme, ou la Nature humaine égarée : *Dives igitur Paftor cujus omnes nos centefima portio fumus habet Angelorum, habet Archangelorum, Dominationum, Poteftatum, Thronorum, aliorumque innumerabiles greges quos in montibus dereliquit.* Il eft donc vray en tout fens que le Souverain Pafteur ne peche point contre la prudence , laiffant quatre-vingt-dix-neuf Brebis dans ces myfterieufes Montagnes , pour venir chercher celle qui s'étoit perduë parce qu'elle s'en étoit égarée.

  II°. Il ne peche pas non plus contre la prudence en les laiffant dans le defert, ainfi qu'écrit faint Luc : *Nonne dimittit nonaginta novem in deferto , & vadit ad eam quæ perierat, donec inveniat eam ?* parce que le defert eft l'azile ordinaire & même la demeure , du moins en efprit , des ames fortes que le demon redoute , & où il n'ofe les attaquer. C'eft ainfi que faint Arfene s'y retira pour fe mettre à l'abri des attaques de ce Loup, qui le perfecutoit dans le monde, *fuge Arfeni , fuge fæculum , folitudinem pete.* Sainte Marie l'Egyptienne dechirée par ces Loups infernaux , apprit par une voix celefte , qu'elle ne s'exempteroit de leurs morfures que dans les deferts au delà du Jourdain : *Jordanem fi tranfieris, bonam invenies requiem.* Les Ifraëli-
tcs

S. *Amb. in* Luc *l.7. n.* 210. p. 1462.

Luc. 15. 4.

tes, pour fe delivrer de la tyrannie de Pharaon , s'en allerent dans une folitude affreufe , au bord de laquelle ce Perfecuteur perit & fut englouti dans la Mer rouge : Cette Femme myfterieufe , dont il eft parlé dans l'Apocalypfe, s'enfuit dans les deferts comme dans une forterefle inacceflible , où le Dragon n'ofe la fuivre : *Et mulier fugit in folitudinem à facie ferpentis.* Ce feroit donc à tort que les Pharifiens oferoient condamner Jefus-Chrift de ne pas remplir les devoirs d'un bon Pafteur, parce qu'il délaiffe quatre-vingt dix-neuf Brebis dans le defert , pour en aller chercher une qui s'eft égarée , & qu'ils luy feroient le même reproche que les freres de David , pour lors un fimple berger , luy faifoient : *Quare dereliquifti oves in deferto ?* puifque les Brebis font en affurance dans le defert , & qu'elles font en peril dans le monde ; également Pafteur charitable , foit quand il garde fes Brebis affemblées dans le defert , foit quand il cherche fes Brebis égarées dans le monde ; pour ne pas dire qu'il va tellement chercher fes Brebis égarées , qu'il ne ceffe pas d'être prefent à fes Brebis affemblées : il cherche les unes fans abandonner les autres : en forte que les Brebis mêmes, foit qu'elles demeurent affemblées dans le bercail , foit qu'elles aillent fe répandre dans le monde , demeurent neceffairement toûjours fous les yeux , ou de fa mifericorde , ou de fa juftice , fans que les unes ny les autres puiffent fe fouftraire aux ordres immuables de fa providence , & de fa conduite.

1. Reg. 17. 18.

***

D

TROISIE'ME CONSIDERATION.

Que si les Pharisiens eussent pretendu accuser Jesus-Christ de n'avoir pas une charité bien ordonnée, à cause qu'il témoignoit plus de joye d'une Brebis recouvrée, que de quatre-vingt-dix-neuf Brebis conservées, ils auroient montré combien leur charité auroit été peu éclairée, & peu sincere.

Premierement, parce qu'ils ne voyoient pas le Mystere renfermé sous cette Parabole, c'est-à-dire la conversion du Peuple Gentil, appellé à la Foy, & reüny au bercail fidelle : semblable à ce Fils ainé dont il est parlé dans l'Evangile, ils murmuroient de ce qu'on avoit tué le veau gras pour faire un festin, & marquer la joye qu'on avoit du retour de l'Enfant prodigue : ce qui obligea le bon Pere de famille d'aller trouver ce fils mal à propos indigné, & de luy dire ces paroles tendres : Mon cher enfant, dequoy vous fâchez-vous ? pourquoy refusez-vous de prendre part à la fête ? vôtre jeune frere étoit perdu, & il est retrouvé : il étoit mort, & il est ressuscité ; ne falloit-il pas en benir le Seigneur ? d'où vient que vous murmurez, & que vous trouvez mauvais que nous nous en rejouïssions ? *Epulari autem & gaudere oportebat, quia frater tuus hic mortuus erat & revixit, perierat & inventus est.* Tel étoit le Juif envieux & jaloux de la conversion du Peuple Gentil, & de la fête qui s'en faisoit au Ciel : outre que même il n'est pas dit icy que le bon Pasteur aimât plus une Brebis recouvrée, c'est

Luc. 15. 31.

à dire un pecheur converti, que quatre-vingt-dix-
neuf juftes, ny qu'il l'eftimât davantage, ny qu'il
préferât la penitence, à l'innocence ; mais que ce retour heureux, & comme inefperé, caufoit une joye
plus fenfible & plus nouvelle, *gaudere oportebat* ; que
la vertu d'un fage enfant à laquelle on étoit accoûtu-
mé. Encore moins eft-il dit qu'il feroit plus affligé de
la perte d'un penitent, que de la perte de quatre-vingt-
dix-neuf innocens, puifqu'il conclut cette parabole
par ces paroles confolantes : ainfi, difoit-il, la volonté de vôtre Pere celefte n'eft point qu'un feul homme, quelque chetif qu'il foit, periffe : *fic non eft vo-*
luntas ante patrem veftrum qui in Cœlis eft, ut pereat unus de
pufillis iftis. A plus forte raifon ne veut-il pas que tout
un troupeau vienne à perir.

2°. Le Sauveur ne parloit pas abfolument de toutes fortes de juftes, quand il difoit que le bon Pafteur fe rejoüiffoit plus de la converfion d'un pecheur,
ou du retour d'une Brebis égarée, que de la conferva-
tion de quatre-vingt-dix-neuf Brebis, ou de la per-
feverance de quatre-vingt-dix-neuf juftes : mais il
ajoute, qu'il entend parler de ces fortes de juftes pré-
fomptueux qui ne croyent pas avoir befoin de penitence : *de nonaginta juftis qui non indigent pœnitentiâ.* Dé-
fignant par là les Pharifiens lâches & immortifiez,
& avec cela fuperbes, & pleins de confiance en leurs
pretendus merites, ne fçachant pas que la juftice de
l'homme en cette vie n'eft jamais parfaite, que nous
offenfons tous en plufieurs chofes, & qu'ainfi le ge-
miffement d'une ame repentante de fes fautes doit

être le devoir le plus neceſſaire & l'exercice le plus
continuel de la juſtice de ce monde, laquelle conſiſte
plûtôt dans la remiſſion des pechez, que dans la
perfection des vertus. Or qui doute qu'un penitent
humble & fervent, quelque pecheur qu'il ait été, ne
ſoit plus agréable à Dieu que pluſieurs de ces juſtes
orgueilleux, & tiedes ?

3°. L'experience nous apprend, ajoute ſaint Gregoire, qu'un pecheur touché, & bien converti, fait ſouvent des actions plus heroïques pour Dieu, & pour
ſon ſalut ; qu'il pratique des vertus plus difficiles ;
qu'il fait des œuvres plus excellentes de religion &
de charité , & qu'il ſe rend par là plus agréable au
Seigneur, que non pas une perſonne qui s'eſt à la verité
conſervée dans l'innocence , qui s'eſt preſervée des
grands deſordres, & des pechés plus griefs, mais qui
d'ailleurs a toûjours langui dans une vie nonchalante.
N'eſt-ce pas ce que le Sage nous inſinuë ſous cette ex-
preſſion obſcure, que l'iniquité de l'homme eſt meil-
leure que la vertu de la femme : *melior eſt iniquitas viri*
quàm mulier benefaciens : voulant dire, non que le vice de
l'homme ſoit préferable à la vertu d'une femme : mais
que les ames fortes & genereuſes pour Dieu, qui font
quelquefois des fautes par un excez de zele & de fer-
veur , font preferables aux perſonnes lâches & tiedes, qui font des actions vertueuſes, mais languiſſan-
tes, blâmant par là, non le ſexe de la femme, mais
la moleſſe de l'homme : *In ſacro eloquio mulier aut pro*
ſexu ponitur , aut pro infirmitate… quia nonnunquam etiam
culpa fortium occaſio virtutis fit., & virtus infirmorum occa-

fio peccati ; *hoc igitur loco mulieris nomine infirmitas defi-*
gnatur. Ainſi la terre d'elle-même ingrate & ſterile,
renduë enfin fertile par les travaux & les ſoins du
Laboureur , luy devient plus precieuſe & plus chere,
que celle qui ne luy a jamais porté que des fruits me-
diocres : *Majus ergo de peccatore converſo quàm de ſtante*
juſto gaudium fit in Cœlo : ſic agricola illam ampliùs terram
amat, quæ poſt ſpinam uberes fruƈtus producit, quàm eam quæ
nunquam ſpinas habuit, & nunquam fertilem meſſem pro-
duxit.

4°. Saint Auguſtin nous donne une nouvelle idée
ſur ce ſujet : il nous dit que ces Brebis délaiſſées par
le bon Paſteur ſur ces hauteurs & dans ces deſerts,
étoient la figure des Juifs indociles , que le Sauveur
devoit abandonner à leur ſuperbe & à leur ſingula-
rité , pour s'en aller chercher la gentilité égarée dans
les lieux bas : *Phariſæos tumore terreno ſuperbos & ſolitu-* *Lib.2.quaſt.*
tudinem ſingularitatis & prælationis gerentes in animo , per *Evang.c.32.*
ex alibi.
nonaginta novem oves in montibus & deſertis intelligit , quas
humilium amator paſtor bonus meritò relinquit ut ovem erran-
tem requirat.

5°. Ce même ſaint Doƈteur ajoute , que les Phariſiens pechant par défaut de charité , ne pouvoient être
mieux repreſentez que par ces quatre-vingt-dix neuf
Brebis & ces neuf dragmes d'argent, délaiſſées, pour
aller chercher celle qui s'étoit perduë , parce que l'u-
nité , ſymbole de la charité , leur manquoit toûjours.
Ipſis autem nonaginta novem ovibus , ſicuti & novem drag-
mis ſemper unitas deeſt , vidélicet charitas quæ facit omnes
oves unum gregem. Le ſouverain Paſteur voulant que

ſes Brebis n'ayent qu'un cœur, & qu'une ame, & que celuy qui veut être le premier dans le bercail de ſon Egliſe ſoit le dernier : Eſprit infiniment oppoſé à celuy des Phariſiens pleins de mépris pour les pecheurs, & deſireux d'occuper la premiere place au banquet ſpirituel du pere de famille.

6°. Enfin les Phariſiens devoient-ils être jaloux de ce que le bon Paſteur rapportoit la Brebis égarée ſur ſes épaules, tandis que les autres marchoient ſur leurs pieds, puiſque le premier eſt une marque de foibleſſe & d'infirmité, & le ſecond un ſigne de force & de ſanté ? le bon Paſteur ne diſoit-il pas luy-même, que ce ſont les malades, & non ceux qui ſe portent bien, leſquels ont beſoin du medecin ? *Non eſt opus valentibus medicus, ſed malè habentibus* : Et les Brebis à qui il donne la vertu de marcher, ne luy ſont-elles pas plus obligées que celles dont la foibleſſe l'oblige de les porter ſur ſes épaules ? ce qui fait dire à ſaint Auguſtin, que le Seigneur aime moins les infirmes, les malades, & les foibles qu'il porte ſur ſes épaules, que non pas ceux qui ſont forts, ſains, & robuſtes, qui marchent ſur leurs pieds ; la condition des premiers étant moins enviée que celle des ſeconds : *minùs nos amat miſeros quàm beatis* : & par conſequent qu'il eſt plus avantageux d'être ainſi délaiſſé que recherché, & de marcher ſur ſes pieds que d'être porté : mais quoy ? qui pouvoit s'exempter d'être ainſi porté, puiſque cette Brebis ſur les épaules du bon Paſteur n'eſt que l'image du genre humain que le Sauveur a porté ſur ſes épaules, quand il s'eſt chargé du bois de la Croix : *qui peccata noſtra ipſe pertulit in corpore ſuo ſuper lignum, ut peccatis mortui juſtitiæ vivamus : eratis enim ſicut oves errantes, ſed converſi eſtis nunc ad Paſtorem & Epiſcopum animarum veſtrarum.* Ce ſont les paroles de l'Apôtre ſaint Pierre. Rejoüiſſons-nous donc, dit ſaint Ambroiſe, puiſque nôtre nature, qui étoit tombée en Adam, a été relevée en Jeſus-Chriſt : *Gaudeamus igitur, quoniam ovis illa quæ perierat in Adam, levatur in Chriſto*; Les bras de la Croix ſont comme les myſterieuſes épaules du Paſteur ſur leſquelles il nous a rapporté : *Humeri Chriſti, Crucis brachia ſunt.* C'eſt là où j'ay dépoſé le fardeau de mes pechez, & le poids de mes miſeres : *Illic peccata mea depoſui :* C'eſt-là, où comme dans un lit preparé par la charité même, j'ay trouvé un doux repos, & où je me ſuis delaſſé des fatigues que mes égaremens m'avoient cauſez : *In illa patibuli nobilis cervice requievi.* Toutes ces raiſons font voir clairement combien la joye du bon Paſteur qui rapporte un pecheur converti ſur ſes épaules, eſt legitime : *Congratulamini mihi, quia inveni ovem meam quæ perierat.* Choſe conſolante, & doux témoignage de la charité de ce bon Paſteur, qui ſemble gemir d'avoir perdu une Brebis, quoy qu'en effet, ce ſoit elle qui ſe ſoit perduë ; qui l'appelle ſienne, toute perduë qu'elle ſoit, *ovem meam*; qui ne la cherche pas negligemment, ny quelque peu de temps ſeulement, mais avec ſoin & perſeverance, juſqu'à ce qu'il l'ait enfin trouvée : *donec inveniat eam.* Qui ne ſe rebute pas de la chercher, quoy que même il y ait du doute s'il la trouvera, oüy ou non : *Et ſi contigerit ut in-*

veniat eam. Qui l'ayant retrouvée, ne la traite pas avec
rigueur, ny dureté, & qui loin d'ufer de reproches,
ny de coups, la porte tout joyeux fur fes épaules : *Im-*
ponit in humeros fuos gaudens, & qui enfin, par cette tendre
conduite, donne à entendre quelle feroit fa joye d'en
avoir recouvré plufieurs, & quelle fera la recompen-
fe de celuy de fes Miniftres, dont il fe fera fervi pour
luy en ramener un troupeau entier, par la converfion d'une multitude de pecheurs. Tel fera fans doute
entre beaucoup d'autres faint Gregoire Taumaturge,
qui prêt de mourir, s'étant informé combien il reftoit encore d'infidelles dans fa Ville Epifcopale, &
ayant appris qu'il n'en reftoit plus que dix fept : Dieu
foit loüé, dit il, il n'y avoit que dix-fept fideles dans
Neocefarée quand j'en ay été fait Evêque. *Qui migra-*
turus è vita, cùm quæfiffet, quot in civitate Neocefarienfi
reliqui effent infideles, refponfumque effet, tantùm effe feptem-
decim ; Deo gratias agens, totidem, inquit, erant fidelis,
cùm cœpi Epifcopatum.

Le grand faint Auguftin, au fujet de la joye que
donne une Brebis recouvrée, nous donne un exemple trop édifiant pour l'obmettre icy.

J'étois à Milan, dit-il, dans de continuelles agita-
tions fur le changement de ma vie : d'un côté, je
voyois l'Apôtre qui m'exhortoit à la perfection, &
de l'autre, je voyois qu'il ne me défendoit pas le ma-
riage, je fentois du zele pour le premier parti, mais
comme j'étois infirme & lâche, je me portois au fecond, entraîné par le poids de mes inclinations fen-
fuelles ; j'avois trouvé la voye étroite qui conduit à la
vie,

vie, mais son austerité me faisoit peur : *Et placebat via*
ipse Salvator, & ire per ejus angustias adhuc pigebat : j'avois
trouvé la Perle Evangelique, & j'hesitois de vendre
tout pour l'acheter : *Et inveneram jam bonam margari-*   *L. 8. c. 1.*
tam, & venditis omnibus quæ haberem, emenda erat, & du-
bitabam : J'eusse bien voulu pouvoir ouvrir mon cœur
là-dessus au saint Evêque Ambroise, mais ses gran-
des occupations ne luy en donnant pas le temps, *non*   *L. 8. c. 11.*
vacat Ambrosio, il me vint dans l'esprit de m'adresser
à Simplicien, Pere spirituel du même saint Ambroise, & duquel il étoit extremement honoré ; je sui-
vis cette bonne pensée, j'allay trouver ce venerable
vieillard si sçavant & si experimenté dans les voyes du
Seigneur, & je luy racontay tous les égaremens de
ma vie : dans le discours que je luy tins, je fis men-
tion d'un certain Orateur nommé Victorin, lequel
avoit enseigné la Rhetorique à Rome avec beaucoup
d'applaudissement, & que j'avois oui dire être mort
Chrétien : Simplicien apprenant cela, me felicita de
m'être adonné à l'etude de la Philosophie Platoni-
cienne, dont la Doctrine dispose d'elle-même à celle de l'Evangile, & à l'occasion de ce Victorin, il
m'apprit une chose si consolante, que j'ay cru la devoir rapporter en ce lieu : il me raconta donc comme quoy ce sçavant vieillard, qui excelloit dans toutes les belles sciences, qui avoit lû tant de livres de
Philosophes, qui en avoit porté des jugemens si so-
lides, qui les avoit éclaircis par les lumieres de son
esprit, qui étoit le maître fameux de tant de Sena-
teurs illustres, qui par la haute reputation que ses le-

***   E

çons publiques luy avoient acquifes , avoit merité
qu'on luy élevât une Statuë dans la principale place
de Rome , ce que les hommes du fiecle tiennent à fi
grand honneur , & qui jufqu'à cet âge avoit adoré les
Idoles , & participé à leurs Myfteres facrileges , pour
lefquels toute la Nobleffe & tout le Peuple , à la re-
ferve d'un petit nombre , avoient alors une fi violen-
te paffion , qu'ils mettoient même au nombre des
Dieux , Anubis , & ces autres monftres , qui avoient
autrefois tenu le parti des ennemis des Romains contre Neptune , Venus & Minerve , & aufquels nean-
moins Rome faifoit des Sacrifices , aprés les avoir
vaincus : il me racontoit, dis-je , comme ce même
Victorin , qui avoit défendu durant tant d'années ces
Divinitez abominables , avec une bouche qui ne ref-
piroit que la terre , n'avoit point eu de honte en fa
vieilleffe de s'affujettir à la puiffance de Jefus-Chrift ;
d'être lavé comme un enfant dans les eaux falutaires
du Baptême ; de foûmettre fa tête altiere à l'humble
joug de l'Evangile , & d'abaiffer fon front fuperbe
fous les opprobres de la Croix.

Grand Dieu , qui avez abaiffé les Cieux , & en étes
defçendu , qui avez frappé les Montagnes , & les avez
embrafées : par quelles douceurs, & par quels attraits
entrâtes-vous dans cette ame , & vous en rendîtes-vous
le maître ? Il lifoit avec attention , à ce que me rapportoit Simplicien , la fainte Ecriture , & tous les livres des Chrétiens qu'il pouvoit trouver , & s'effor-
çoit avec un extrême foin d'en penetrer l'intelligence : puis il difoit à Simplicien , non pás devant le mon-

de , mais en particulier & en fecret comme à fon ami : fçachez que maintenant je fuis Chrêtien : *noveris me jam effe Chriftianum.* A quoy il luy repondoit : je n'en croiray rien , & je ne vous confidereray point comme tel ; jufqu'à ce que je vous voye dans l'Eglife de Jefus-Chrift. Victorin fe mocquoit de cette réponfe , & difoit : font-ce donc les murailles qui font les Chrêtiens ? & luy repetant fouvent qu'il étoit Chrêtien , Simplicien repartoit toûjours la même chofe , & Victorin continuoit toûjours à s'en mocquer , & à parler avec raillerie de ces murailles. Car il craignoit de déplaire à fes amis , qui étoient de fuperbes adorateurs des demons , & jugeoit que leur haine fondant fur luy du haut de ce comble des dignitez temporelles , où ils étoient élevez dans cette puiffante Babylone , comme des cedres du Liban , que la main du Seigneur n'avoit point encore brifez , elle feroit capable de l'accabler.

Mais lors qu'en lifant , & en priant avec ardeur , il fe fût rendu plus fort dans la foy , il apprehenda d'être defavoüé par Jefus-Chrift , en prefence de fes faints Anges , s'il craignoit de le confeffer à la vuë des hommes ; & connut qu'il fe fût rendu coupable d'un tres-grand crime , s'il eût rougy de faire une profeffion publique des Myfteres facrez , dans lefquels vôtre Verbe s'eft humilié , luy qui n'avoit pas rougi de reverer publiquement les Myfteres abominables & facrileges des demons fuperbes , aufquels il avoit ajouté foy , en fe rendant leur fuperbe imitateur. Ainfi ayant une fainte honte de trahir la verité , il perdit cette malheureufe honte qu'il avoit d'abandonner le menfonge , *Depuduit vanitati & erubuit veritati* : Et tout d'un coup , lorfque Simplicien y penfoit le moins, il luy dit : Allons à l'Eglife , car je veux être Chrêtien. Simplicien tranfporté de joye l'y accompagna à l'heure même : & auffi-tôt qu'il eût été inftruit dans les principes de nôtre Religion, il donna fon nom pour être écrit avec ceux qui devoient être regenerez en Jefus - Chrift par les eaux facrées du Baptême. Rome fut remplie d'étonnement & l'Eglife de rejouïffance. *Mirante Româ, gaudente Ecclefiâ* : Les Superbes entroient en fureur , ils fremiffoient de rage , & ils fechoient de dépit : mais vôtre Serviteur, mon Dieu , mettoit toute-fon efperance en vous , & ne confideroit plus ny les vanitez , ny les folies trompeufes du fiecle.

Lorfque l'heure fut venuë de faire la profeffion de Foy , que ceux qui doivent être baptifez ont coûtume de faire à Rome en certains termes précis, qu'ils apprennent par cœur , & qu'ils prononcent d'un lieu éminent, en prefence de tous les fidelles , les Prêtres propoferent à Victorin de faire cette action en particulier, ainfi que c'étoit la coûtume de le propofer à ceux que l'on jugeoit pouvoir être toûchez de crainte , par une pudeur & une timidité naturelle. Mais Victorin aima mieux faire cete action en public qu'en fecret, & certes avec grande raifon. Car s'il n'avoit pas craint d'enfeigner publiquement l'éloquence, dont il ne pouvoit tirer aucun bien veritable pour fon ame, ny d'avoir une troupe de Payens &

d'infensez pour témoins de ses discours & de ses paroles ; à combien plus forte raison devoit-il faire une
profession publique de la Religion salutaire qu'il em-
brassoit, & ne pas craindre vos humbles enfans lors
qu'il prononceroit vôtre Parole dans vôtre Eglise.

Lors donc qu'il fut monté au Pulpitre pour faire sa
profession de foy, tous ceux qui le connoissoient,
commencerent à le nommer avec un bruit confus de
rejoüissance (& y avoit-il là quelqu'un qui ne le
connût ?) on entendit ce mot de Victorin sortir
avec joye comme une voix sourde de la bouche des
Assistans, *Victorinus*, *Victorinus*. L'extréme conten-
tement de le voir excita ce soudain murmure, & le
desir de l'entendre parler le fit cesser aussi-tôt. Il re-
cita le Symbole avec une assurance merveilleuse. Tous
les Fideles qui étoient presens, eussent voulu comme
l'enlever, pour le mettre dans le fond de leur cœur;
& ils l'enlevoient en effet, en l'aimant, & en se rejoüis-
sant de la grace si particuliere que Dieu luy faisoit.
Leur joye & leur amour étoient comme les deux
mains, avec lesquelles ils l'embrassoient, & l'empor-
toient en quelque sorte dans eux-mêmes par une dou-
ce & une sainte violence.

Telle fut la joye que le retour de cette Brebis égarée donna au bon Pasteur, & à toute l'Eglise : saint
Augustin, dont nous avons transcrit les paroles, s'é-
tend en cet endroit, à trouver les raisons d'une telle
joye, qui ne doit point donner de jalousie aux Brebis
fideles, mais qu'il seroit trop long de rapporter icy.

QUATRIE'ME CONSIDERATION,

Quoyque les deux Paraboles d'aujourd'huy , c'eſt à dire celle d'un Paſteur , qui cherche une Brebis égarée ; & celle d'une mere de famille , qui cherche une dragme perduë ; ne ſoient les ſymboles que d'une ſeule & même choſe , ſçavoir du zele de Jeſus-Chriſt pour le ſalut de nos ames : Cependant à les conſiderer de prés , il ſemble que la premiere regarde particulierement les hommes , & la ſeconde les femmes : l'un & l'autre ſexe s'étant également perdu , étant également cher au bon Paſteur , & n'ayant pas moins beſoin des remedes du medecin : *utrumque enim ſexum Dominus curaturus advenerat* , dit ſaint Ambroiſe : C'eſt ainſi qu'au cinquiéme Dimanche d'aprés l'Epiphanie , l'Evangile nous propoſe d'abord la Parabole du grain de Senevé , ce qui concerne la culture de la terre , & par conſequent l'employ des hommes : & enſuite celle du Levain , ce qui regarde le ſoin de la famille , & par conſequent l'employ des femmes. Il eſt vray , continuë ſaint Ambroiſe , que le Sauveur commença par la délivrance de celuy qui le premier avoit été formé , l'ordre naturel l'exigeant ainſi : *Sed prior ſanari debuit qui prior creatus eſt :* Mais enſuite il ne negligea pas de travailler à la gueriſon de celle qui paroiſſoit s'être laiſſée aller au peché , plûtôt par legereté que par malice : *Nec prætermitti illa quæ mobilitate magis animi , quàm pravitate peccaverat.* C'eſt ce que ce ſaint Docteur obſerve à l'occaſion d'un homme

E.4. in Luc. c. 4. fin.

que Jesus-Chrift délivra du demon , & d’une femme qu’il guerit enfuite de la fievre, au rapport de faint Luc ; conduite qu’il eft encore aifé de voir dans l’Evangile d’aujourd’huy : car d’abord c’eft un Pafteur qui va chercher fa Brebis égarée : En fecond lieu, c’eft une femme qui cherche une dragme perduë. Tel eft le double caractere de ces deux Paraboles, l’office de Pafteur , regarde les hommes : Le foin & la dépenfe domeftique regarde les femmes. Nous avons vu le fuccés d’un bon Pafteur dans la Brebis recouvrée , voyons celuy d’une Mere de famille dans la Dragme recouvrée , & reconnoiffons dans les deux exemples la charité du Sauveur envers tous.

1°. Premierement, comme celuy qui veut conferver un trefor le ferre avec foin , & que celuy qui ne le ferre pas le perdra infailliblement : ainfi la fille fage & prudente, qui veut conferver fa pureté , mille fois plus precieufe que l’Or : *Omnis ponderatio non* Eccli. 26. 20. *eft digna animæ continentis* , doit aimer la folitude, & rarement paroître au dehors : Elle doit reprimer ce defir qui luy eft fi naturel de voir & d’être vuë , d’être confiderée , aimée, eftimée, louée, honorée. Pere de famille , dit le Sage , avez - vous des filles ? confervez leur pudeur par la retraite : *Filiæ tibi funt ? ferva* Eccl. 7. 26. *corpus illarum.* Et vous, ô Vierges Chrêtiennes , dit faint Ambroife , apprenez à ne point courir de maifon en maifon : *Difcite, Virgines, non circumcurfare per alienas ædes.* Apprenez à ne vous point arrêter dans des lieux publics : *Non demorari in plateis* , & à n’être jamais mêlées dans aucune intrigue , *non aliquos in publico mifce-*

re *fermones*. Voyez dans l'exemple de Marie trouvée feule par l'Ange, l'obligation que vous avez d'être affiduës à la maifon, & de ne vous montrer que comme en paffant au monde: *Maria in domo fera, feftina in publico*. Car, felon la maxime de faint Gregoire, celuy qui porte à decouvert fon argent dans un grand chemin, eft cenfé vouloir bien qu'on le vole: *depredari ergo defiderat, qui publicè thefaurum in via portat*. Dina pour être fortie par curiofité hors la tente de Jacob fon pere, afin de voir & d'être vuë, perdit la précieufe dragme de fon integrité: *Egreffa eft autem Dina filia Liæ ut videret*. L'Ecriture entre les caracteres de la femme lafcive, dit qu'elle ne peut demeurer en place, ny fe contenir dans la maifon: *Quietis impatiens, nec valens in domo confiftere pedibus fuis*. Qu'elle eft tantôt devant la porte, tantôt dans les ruës, & puis dans les places publiques, & enfin dans des lieux écartez où d'ordinaire fe trouvent les voleurs: *Nunc foris, nunc in plateis, nunc juxta angulos infidians*. Et voilà comme quoy l'Eglife, cette mere de famille, perd la dragme fpirituelle, qui s'écarte de la compagnie des neuf autres. *Quæ mulier habens drachmas decem, fi perdiderit drachmam unam*.

2°. Ce n'eft pas feulement, en fe répandant au dehors que les perfonnes du fexe fe perdent: La maifon paternelle leur eft fouvent un écueil dangereux; auffi voyons-nous, que c'eft non au dehors, mais au dedans de la maifon qu'on cherche la dragme perduë: *Everrit domum*: Car n'eft-ce pas fouvent dans la maifon paternelle, & fous le gouvernement d'une mere

mon-

mondaine, qu'une fille naturellement legere & vo-
lage, fucce avec le lait le goût des vanitez, des fen-
fualitez, du jeu, du luxe des habits, de la danfe, du
bal, de la fymphonie, des lectures prophanes & dan-
gereufes, & qu'elle s'engage dans les intrigues les plus
funeftes; qu'elle devient l'objet des defirs les plus cri-
minels; qu'elle excite les paffions les plus honteufes,
& qu'elle allume les flâmes les plus déteftables; ainfi
qu'entre plufieurs exemples, celuy de Thamar &
d'Amnon, qui deshonnorerent la famille du faint
Roy David, le fait affez voir.

3°. Troifiémement, en voicy un autre caractere :
C'eft que le flambeau de la raifon & de la foy s'éteint
malheureufement bien tôt en une fille mondaine :
faint Jerôme obferve que comme quand le voile du
Temple fe déchira du haut en bas à la mort du Sauveur, ce fut un figne que toute la Religion Judaïque
alloit fe détruire : ainfi quand une Vierge perd une
fois le voile de la pudeur, c'eft un préfage affuré de
la ruine prochaine de toute pieté dans fon cœur. D'où
vient qu'il eft icy écrit, que pour recouvrer une femblable dragme, il faut allumer la lampe, *accendit lu-*
cernam : Depuis que la premiere femme, trop curieu-
fe, voulut immoderément étendre fa main à l'arbre
de la fcience du bien & du mal, depuis qu'elle prêta
l'oreille à l'efprit de menfonge, & qu'elle fe laiffa fe-
duire à la doctrine d'un fi mauvais maître, qu'elle
le crut préférablement a la verité que Dieu luy avoit
annoncée : elle & toutes fes defcendantes font deve-
nuës ignorantes & fufceptibles de toutes fortes d'er-

✳✳✳   F

reurs : le déreglement de leur cœur éteint bien-tôt en
elles les foibles lumieres de leur efprit , & elles en
viennent en un moment à ne rien croire , & à ne rien
voir de la turpitude de leur vie, ny de la perte de
leur honneur , ny du mépris qu'on fait de leurs perfonnes , quelque illuftres qu'elles foient felon le monde : La femme lafcive , dit le Sage, ne fera pas moins
méprifée que le fumier & l'excrément que l'on fou-
le aux pieds dans la ruë : *Omnis mulier quæ eft fornicaria* Ecl. 9. 10.
quafi ftercus in via conculcabitur. Elle ne comprend ny
l'abyfme de malheurs , dans lequel elle fe précipite en
ce monde , ny l'atrocité des tourmens qui l'attendent
en l'autre , où l'on proportionnera fes peines à fes de-
lices : *Quantum in deliciis fuit , tantum date illi tormentum* Apoc. 18. 7.
& *luctum.* Toutes ces chofes font cachées à fes yeux ,
il faut rallumer dans fon ame le flambeau de la foy ,
qui s'y eft éteint , *accendit lucernam.*

4°. Cela ne fuffit pas , il faut de plus prendre le ba-
lay & nettoyer la maifon , *everrit domum*; il faut mettre dehors cette pernicieufe domeftique qui fert d'in-
ftrument fecret à vos déreglemens , & à je ne fçay
combien de commerces mauvais : il faut congedier
ces compagnies mondaines, ces joüeurs , ces vifites,
ces nouvelliftes, ces railleurs de la devotion, ces impies , ces immodeftes, ces libertins : il faut ôter ces
tableaux honteux , & ces livres impurs ; il faut ban-
nir cette malheureufe pareffe, cette oifiveté, ces per-
tes de temps , ces vaines parures ; & mille ordures
femblables , qui fouillent le fanctuaire de vôtre cœur ,
everrit domum; finon , & fi vous vous épargnez , la

vengeance divine comme une mere charitable , mais
vigilante & fevere , employera les verges de la correc-
tion , pour vous faire revenir à vous-même ; vous per-
drez cette fanté que vous cultivez tant , cette beauté
dont vous étes fi idolâtre , cette reputation qui vous
eft fi chere , ces richeffes aufquelles vous étes fi atta-
chée , cette joye à laquelle vous vous livrez avec fi
peu de retenuë ; toutes ces chofes comme des ordures
feront balayées , & vous pêle-mêle avec elles , jufqu'à
ce que vous foyez retrouvée , *everrit domum donec in-*
veniat eam. Heureufe fi vous imitez cette ancienne
Dame Romaine , dont faint Jerôme nous a rapporté
l'Hiftoire édifiante avec laquelle nous finirons cette
Homelie ; & fi par vôtre retour , vous caufez autant
de joye à l'Eglife , & aux faintes de vôtre temps , que
cette veritable penitence en caufa à celles qui vivoient
au fien.

C'eft de la bien-heureufe Fabiole , d'une famille
tres ancienne , & tres-illuftre que je parle , dit faint
Jerôme , laquelle s'étant laiffée aller à des defordres
fcandaleux , devint enfuite le fujet du monde de la
plus grande édification. Quelle joye , & quelle con-
folation n'eut pas l'Eglife de voir cette dragme perduë fe tirer fi heureufement des ordures du vice , &
enrichir cette mere de famille par fon retour inefperé ? quel fpectacle de voir cette brebis égarée revenir
au bercail , fe couvrir d'un fac , & dans une pofture
humiliée , faire une confeffion publique de fes pechez , & à la vuë de tout Rome , fe mettre la veille
de Pâques au rang des penitens à la porte de l'Eglife

de Latran, les cheveux épars, les mains sales , le visage abbatu , la tête couverte de cendres , & proster-
née contre terre ? à cet aspect si surprenant , & si tou-
chant , l'Evêque , les Prêtres & tout le Peuple ne purent s'empêcher de verser des larmes. Quels crimes
une douleur si vive & si sensible , n'estoit-elle pas
capable d'expier ? Quelles tâches , pour opiniâtres
qu'elles pussent être, n'eussent pas été effacées par des
larmes si ameres & si abondantes ; *Quæ peccata fletus iste*
non purget ? quæ inveteratas maculas hęc lamenta non abluant ?
Mais comme Fabiole ne rougit point de Jesus-Christ
sur la terre, aussi Jesus-Christ ne rougira-t-il point
d'elle dans le Ciel. Elle découvrit ses plaïes à tout le
monde , & Rome toute étonnée en vit les cicatri-
ces sur son corps : *aperuit cunctis vulnus suum , & decolo-*
rem in corpore cicatricem flens Roma conspexit : On la vit
avec des habits déchirez , & la tête nuë , garder un
profond silence , n'oser entrer dans l'Eglise du Seigneur , & demeurer comme Marie sœur de Moïse ,
hors du camp : On la vit se défigurer le visage parce qu'il avoit paru trop agréable au monde, *faciem per*
quem placuerat verberabat : On la vit enfin avoir en horreur ces pierreries , rejetter ces linges deliez , dé-
tester les parures & les vains ajustemens, & se servir
d'un nombre infini de remedes, pour se guerir d'une
seule playe.

Que ne fit-elle pas ensuite quand elle se vit réta-
blie dans la Communion des Fidelles à la face de
toute l'Eglise ? elle n'oublia point dans ces jours d'In-
dulgences les tenebres de ses déreglemens. Elle ven-

dit tout fon patrimoine , qui étoit trés-confiderable, & proportionné à fa qualité, & elle en deftina l'argent à foulager les neceffitez des Pauvres. Elle fut la premiere qui fonda un Hôpital pour y ramaffer tous les malades abandonnez , & y foulager des malheureux accablez de faim & de langueur. *Et prima omnium nozochomium inftituit , in quo egrotantes colligeret de plateis , & confumpta languoribus atque inediâ , miferorum membra foveret.*

Reprefenteray-je icy toutes les difgraces & toutes les infirmitez de la vie humaine, dont cette veritable Penitente n'eut point d'horreur, lorfque furmontant les repugnances naturelles , elle fe mit à penfer des pauvres dont les uns avoient le nez coupé , les yeux arrachez , les pieds à demi brûlez , les mains livides : les autres avoient des jambes enflées, des chairs pourries & à demi rongées, d'où fortoit une fourmiliere de vers. Combien de fois l'a-t-on vuë porter fur fes épaules des malades tous fales & puants ? combien de fois a-t-elle nettoyé des playes remplies de pus & de bouë, que d'autres ne pouvoient pas feulement regarder fans horreur ? *Quoties morbo regio & pedore confectos humeris fuis ipfa portavit ? quoties lavit purulentam vulnerum faniem quam alius afpicere non valebat ?* Elle donnoit elle même à manger aux pauvres, elle affiftoit les moribons, qu'elle n'abandonnoit point jufqu'aux derniers foupirs : *Prabebat cibos propriâ manu , & fpirans cadaver forbiciunculis irrigabat.* Et elle adouciffoit fi bien les peines des malheureux , que ceux qui étoient en fanté envioient la condition des malades :

Ut multi pauperum sani languentibus inviderent.

Elle ne fut pas moins liberale envers les Ecclesiaſtiques, les Solitaires, & les Vierges : Quel Monaſtere n'a pas reſſenti les effets de ſes largeſſes ? à quel pauvre nud, & à quel malade retenu au lit par de continuelles infirmitez, n'a-t-elle pas fourny des vêtemens, & des medicamens ? quelle eſpece d'indigence, & de miſere a échapé à ſes ſoins & à ſon zele ? Mais Rome mettoit des bornes trop étroites à ſes aumônes, & ſa charité s'y trouvoit trop reſſerrée ; elle alloit elle-même au loing, ou envoyoit des perſonnes fidelles & vertueuſes répandre ſes bienfaits, juſques aux bords de la mer de Toſcane. Elle fit plus, car elle vint elle-même en Jeruſalem, pouſſée par un effet extraordinaire de Religion & de pieté, pluſieurs perſonnes allerent au devant d'elle pour la recevoir, & elle voulut bien pendant quelques jours nous honorer de ſa preſence, & que nous exerçaſſions le droit d'hoſpitalité à ſon égard. Aprés quoy cette pieuſe Dame retourna à Rome pour vivre pauvre dans un lieu où elle avoit été riche, pour demeurer dans une maiſon étrangere, aprés avoir fait de ſa maiſon une demeure aux étrangers : *Ut ibi pauper viveret ubi dives fuerat, manens in alieno, quæ multos priùs hoſpites habuit :* Et pour achever de diſtribuer aux neceſſiteux les biens qu'elle avoit poſſedez dans ſon abondance. Sa conduite parut ſi exemplaire & ſi ſainte en toutes choſes, que les Payens mêmes & les infideles ne purent s'empecher de luy donner des loüanges. Enfin une mort precieuſe couronna une telle vie, & tout ce peuple immenfe qui remplit la ville de Rome accourut à fes funerailles : Voilà, heureufe Fabiole, le prefent que vous fait un vieillard , qui par ce petit ouvrage a voulu rendre les derniers devoirs à vôtre memoire , vous dont le charitable Samaritain a gueri les playes, vous que le bon Pafteur a rapporté fur fes épaules , vous que l'Eglife, comme une mere de famille, pleine de joye a recouvré ainfi qu'une dragme perduë; vous enfin en qui aprés une abondance de pechez, a furabondé la grace , & à qui beaucoup de dettes ont été remifes, parce que vous avez beaucoup aimé. Telle eft l'éloge, ou plûtôt le chant d'allegreffe de faint Jerôme pour le recouvrement de cette dragme perduë. *Quæ mulier habens drachmas decem , fi perdiderit drachmam unam , nonne accendit lucernam , & everrit domum , & quærit diligenter, donec inveniat ? & cùm invenerit, convocat amicas vicinas , dicens : congratulamini mihi , quia inveni drachmam, quam perdideram ? ita , dico vobis , gaudium erit coram Angelis Dei fuper uno peccatore pænitentiam agente.*

F I N.

░▒▓ (bandeau décoratif) ▓▒░

CATALOGUE

Des Livres nouveaux imprimez, & qui se vendent chez RAYMOND MAZIERES, Libraire, ruë Saint Jacques, à la Providence, prés la ruë de la Parcheminerie, à Paris, 1708.

De Monsieur DE LA CHETARDIE, Curé de Saint Sulpice de Paris.

Homiliæ in Evangelia, in quatuor partes divisæ, complectentes expositiones Evangeliorum quæ Dominicis aliisque anni diebus leguntur, in 12. 4. vol.　　　　8. l.

Recueil d'Homelies pour les Dimanches & Fêtes, & autres jours de l'année, in quarto, 2. vol.　　　　12. l.

Catechisme de Bourges, sixiéme Edition, revûë & augmentée, in 12. 4. vol.　　　　8. l.

Abregé du Catechisme de Bourges, in 12.　　　　1. l.

L'Apocalypse expliquée par l'Histoire Ecclesiastique, quatriéme Edition, revûë & augmentée de plusieurs Notes & Figures, in quarto,　　　　7. l.

Ecclesiasticæ Jurisdictionis Vindiciæ, adversus Caroli Fevreti, & aliorum Tractatus de Abusu, susceptæ ab ANTONIO DADINO ALTESSERA, utriusque Juris Professore, & Decano Universitatis Tolosanæ, in quarto,　　　　5. l.

Sentimens d'un Chrétien touché d'un veritable amour de Dieu, tirez de divers passages de l'Ecriture sainte, & representez par quarante-six Figures en taille-douce, par un Solitaire de Sept-Fonts, in 12.　　　　1. l. 10. s.

www.ingramcontent.com/pod-product-compliance
Ingram Content Group UK Ltd.
Pitfield, Milton Keynes, MK11 3LW, UK
UKHW031745170726
13836UKWH00002B/900